KB018977

제일기획 출신 카피라이터가
알려주는 실전 카피라이팅

인사이트 카피라이팅

제일기획 출신 카피라이터가 알려주는 실전 카피라이팅

INSIGHT
인 사 이 트 카 피 라 이 팅
COPYWRITING

커뮤니케이션박사 · 카피라이터 **박현정 지음**

쉽게 배우는 생생한 실무지식 인사이트 카피라이팅
이대로 따라하다 보면 누구나 능력있는 카피라이터가 된다

💕 핑크플래닛

감사의 글

카피라이터, 가슴이 뛰고 사랑스러운 이름입니다. 인생에서 카피라이터가 된 일, 광고가 생활이 된 것이 가장 행복한 일 중 하나입니다. 카피라이팅을 하면 제 속에서 제가 모르는 크리에이티비티, 창의력이 샘솟는 것을 느끼고 창의력을 느끼는 시간들은 힘들기도 하지만 무엇과도 비교할 수 없는 행복감을 줍니다. 무엇보다 카피라이팅을 통해 타겟과 공감을 하고 긍정적인 피드백을 받을 때의 기쁨이 참 큽니다.

카피라이팅은 늘 본질적인 것을 찾아내려고 하기에 타겟의 마음에 닿을 수 있는 깊이를 탐구하고 동시에 타겟들과 브랜드를 이어주기 위해 트렌드를 리드하면서 시대정신을 만들기도 하는데 이러한 과정이 무한한 만족감을 줍니다. 카피라이팅을 하면서 경험했던 창의적인 시간과 행복감, 그리고 브랜드의 성공을 여러분도 이 글을 읽고 직접 적용해보면서 느끼실 수 있기를 바랍니다. 이 글을 쓰는 동안 함께 해주신 하나님께 감사드리고, 늘 응원해준 가족과 회사식구들, 그리고 친구들과 동료들에게 감사를 전합니다.

오랫동안 브랜딩하는 일을 해오면서 카피라이팅을 해오면서 학생들을 가르치고 공부해 온 모든 것을 담았습니다. 카피라이팅을 개인적인 일이나 회사의 브랜드에 적용하려고 하는 모든 분들이 긍정적인 성과를 얻고 또한 카피라이팅의 기쁨을 느끼시기를 바랍니다!

박현정 드림

인사이트 넘치는
카피라이팅의 힘

인사이트 카피라이팅은 브랜드가 가진 강점을 파악하여 다른 경쟁 브랜드와의 관계에서 자기다움의 가치를 찾아내어 목표 타겟의 동선과 데이터에서 찾아낸 소비자의 잠재된 니즈인 인사이트와 매칭하여 카피라이팅하는 방법입니다.

또한 인사이트 카피라이팅은 생각의 산고가 낳은 결과물입니다. 머리와 마음속에 가지고 있을 때는 그 무거움이 천근만근이지만 말로 표현하는 순간, 글로 표현하는 순간, 말과 글은 생명력을 가지고 사람들에게 전달되어 다양한 파급효과를 낳게 됩니다.

말과 글을 어떤 형태로든 자유롭게 할 수 있지만 보다 효과적으로 사람들에게 특히 타겟으로 하는 사람들에게 전달되어 효과를 나타내도록 하기 위해서는 전략적인 카피라이팅을 통해 표현하는 것이 필요합니다. 카피라이팅은 원하는 타겟에게 영향력을 미치도록 타겟의 마음과 인식을 움직이고 행동변화를 이끌어내는 것을 목표로 합니다. 그러기 위해서는 카피라이팅을 위한 다양한 개념과 과정을 이해하고 사례를 경험하고 자꾸 표현해보면서 경험적으로

익혀서 인사이트를 찾아내고 카피라이팅에 적용하는 과정을 거쳐야 합니다.

인사이트를 찾아내는 경험이 쌓일수록 정확한 표적 타겟을 찾아내는 정확도가 높아질수록 인사이트를 글과 말을 통해 표현하는 기술이 쌓일수록 브랜드는 타겟의 마음과 생각에 깊이 파고들어 생명력을 가지게 될 것입니다.

필자는 지난 30년동안 쌓은 카피라이팅의 경험과 기술을 모아 기업의 마케팅과 브랜딩 담당자, 중소기업의 대표자, 스타트업을 시작하는 오너, 소셜미디어나 다양한 채널에서 효과적으로 표현하기를 원하는 사람들을 위해 쉽고 적용하기 쉬운 카피라이팅 책을 만들어 보았습니다.

책을 쓰는 동안 내내 즐겁고 인사이트풀했던 시간과 카피라이팅을 하는 동안 즐거우면서도 괴롭고 창의적인 시간과 학생들을 가르치면서 행복했던 시간과 브랜드를 히트시키고 브랜드를 살아나게 하고 성공하게 하면서 느꼈던 기쁨과 고민의 시간을 되돌아 보면서 이 글을 읽는 여러분들이 짧은 시간에 집중적인 이해와 적용을 통해 지름길로 여러분이 원하는 결과를 얻으시기를 바라는 마음으로 써내었습니다. 이 책을 통해 제가 카피라이팅을 하면서 느꼈던 기쁨과 행복과 창의적인 시간들을 함께 경험하시고 목표로 하는 결과를 얻으시기를 바랍니다.

CONTENTS

01

카피, 카피라이팅, 카피라이터

인사이트 카피 1

카피, 카피라이팅, 카피라이터

카피, 카피라이팅이란? 카피라이터란?

카피란 무엇일까? 카피는 무한히 복사되는 것이란 의미로 보자면
많은 대중들에게 도달될 수 있는 짧막한 글, 브랜드의 컨셉과
메시지가 담긴 가공된 글이라고 볼 수 있다.

그렇다면 카피라이팅이란? 효과적인 카피를 쓰기 위해 다양한
기술과 기법을 통해 표현하는 것이 카피라이팅이다. 카피라이팅은
기술, 대조, 비교, 반복, 펀, 경고, 협박, 은유, 직설, 상징 등 여러

가지 효과적인 기법을 통해 전하고자 하는 메시지를 타겟에게 전달한다.

카피라이터란 대중에게 혹은 소비 타겟에게 무한히 카피되는 영향력있는 카피를 쓰는 전문가를 의미한다. 대중에게 회자될 수 있고 타겟에게 변화를 일으키는 글을 전문적으로 써서 제품에 이슈를 만들고 영향력을 미쳐서 제품을 브랜드화하는 전문가가 카피라이터라고 할 수 있다.

카피라이터는 전문가를 의미하지만 메시지를 효과적으로 전달하여 도달하고자 하는 사람들에게 영향력을 끼칠 수 있다면 누구나 카피와 카피라이팅을 하고 있는 것이라 할 수 있다. 특히 상업적인 목적을 위해 세일즈 톡을 포함한 메시지를 가공하여 카피라이팅하고 있다면 누구나 카피를 쓰는 카피라이터라고 할 수 있다. 문제는 카피가 얼마나 전달력이 있고 마음을 움직일 수 있어 영향력을 끼칠 수 있는가이다.

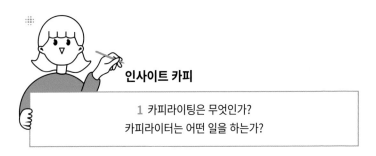

인사이트 카피

1 카피라이팅은 무엇인가?
카피라이터는 어떤 일을 하는가?

02

누구에게 말할 것인가

|

타겟 페르소나
페르소나 그룹핑, 대화하기
인사이트 카피 2

누구에게 말할 것인가

카피를 쓰기 위해서는 누구에게 말할 것인가가 중요하다. 불특정 다수에게 얘기하는 것은 무의미하고 내가 사로잡아야 할 대상을 바로 찾아내어 그 대상에게 가장 효과적이고 마음을 사로잡을 수 있는 일대일 대화같은 형태로 카피를 써내려 가는 것이 좋다.

광고의 아버지라고 하는 데이비드 오길비(David Ogilvy)는 멋진 칵테일 파티에서 마음에 드는 아름다운 여인을 만나서 그 여인을 사로잡기 위해 속삭이는 귓속말처럼 아주 사적으로 느껴지는 카피를 쓴다고 했다. 카피를 쓸 때 마치 옆에 소비자를 보면서 얘기하듯이 그 사람에게 얘기하듯이 쓴다는 것이다. 좀 더 흥미롭고 환상적으로 가능하다면 아주 개인적으로 속삭이듯이… 대중에게, 많은 사람에게 얘기하지 않는다. 바로 내 옆에 앉은 그녀에게만 들려주는 고백처럼 얘기하고 쓰고 내게 어떤 물건을 살 것인지에 대해 조언을 구할 때 그녀에게 대답하듯이 써내려 간다고 했다.

하지만 실제로 카피를 쓸 때는 잘 모르는 소비자를 상상하며 사적인 얘기를 건네듯 카피를 쓰는 것은 쉽지 않다. 이때 마치 옆에 소비자가 있듯이 카피를 구성하기 위해 필요한 것이 페르소나이다.

타겟 페르소나

페르소나는 가면, 인격 등을 뜻하는데 브랜드의 타겟을 생생한 실물로 묘사하기 위해 설정하는 가상의 인물이다. 인터뷰를 통해서 만들어지며 페르소나를 그룹핑하여 유형별 페르소나로 만들기도 한다. 타겟 페르소나는 브랜드의 타겟으로 가장 근접하다고 생각하는 실존 인물들을 인터뷰하여 만들거나 여러 명을 인터뷰하여 유형화한다.

타겟 페르소나를 만들 때 중요한 포인트는 이름, 나이, 직업, 사는 곳, 하는 일, 성격, 닉네임 등을 구체화하여 적고 브랜드와 관련한 타겟 페르소나의 프로파일, 행동, 목표 등을 자세히 요약해서

적는다. 또한 브랜드의 타겟 페르소나가 여러 유형이라고 생각되면 인터뷰한 타겟 페르소나를 분류하여 그룹핑하여 유형화해도 된다.

이렇게 만들어진 타겟 페르소나를 중심으로 카피를 구성하여 마치 옆에 있는 사람에게 말을 건네듯이 카피를 쓰면 된다.

페르소나 그룹핑, 대화하기

페르소나는 하나만 존재할 수도 있지만 여러 유형이 존재할 수 있다. 가능한 페르소나를 여러 가지 만들고 공통점을 찾아 그룹핑하여 유형화하자.

데이터에 근거하여 페르소나를 눈에 보이게 하나하나의 프로파일로 만들고 제각기 다른 페르소나의 모습에서 공통점을 추출하여 하나의 그룹으로 그룹핑하여 하나의 유형으로 만들어준다. 이렇게 하나로 유형화된 페르소나는 의사소통이 잘되게 하고 브랜딩을 효과적으로 이끈다.

페르소나를 커뮤니케이션에서 효과적으로 이용하려면 항상 곁에 두고 그의 존재를 의식해야 한다. 타겟과의 미팅이든 프로젝트팀 내에서의 회의이든 간에, 시작 전에 항상 페르소나를 기억하며 대화하며 페르소나에 맞는 이야기를 만들어가고 업데이트해나가는 것이 중요하다.

고급 가구 구매 페르소나 1

이파랑

Age : 33
Job : 인플루언서
#깔끔함 #부지런함

 라이프 스타일

언제나 깔끔한 인플루언서 지연 씨는 남편과 새로 이사가게 된 집을 꾸미는 것에 한참 빠져 있다. 잠깐 살고 이사갈 집이 아니기에 평소처럼 소셜미디어를 통한 협찬보다도 비용이 들더라도 좋은 것들로 집을 꾸미길 바란다. 벽지부터 바닥재까지 좋은 재료만을 사용했다는 전통 있는 브랜드의 제품들로 꾸민 집에 어울리는 고급스러운 장식장을 찾고 있다. 기존에 모아온 여러 수집품을 넣을 수 있고, 소셜미디어 업로드나 동영상 촬영 시 배경에 두어도 고급스러운 제품이길 바란다.

 목표

여러 가지 수집품을 담아 전시할
고급스러운 장식장 구매하기

 동기부여

신뢰 ■■■■■   품질 ■■■■■

디자인 ■■■■■

 불만사항

수집품의 종류가 다양한데 그동안 본 장식장은 여러 개를 두면 너무 딱딱하고 지루해 보여서 아쉬움.

고급 가구 구매 페르소나 2

유블루

Age : 47
Job : 웨딩홀 드레스실 실장
#성실함 #꼼꼼함

라이프 스타일

평소 꼼꼼한 일처리로 유명한 정은씨는 최근 드레스 보관용 장롱의 칠이 많이 벗겨진 것이 신경쓰여서 교체하고자 한다. 보통 외부에서 드레스를 보관하는 장롱까지 볼 일이 많지 않아 그동안 덮어두고 살았다. 하지만 무엇보다도 깔끔하면서도 고급스러운 외관이 중요한 업계에서 사용하기에는 무리가 있다. 해당 내용을 전달받은 웨딩홀에서도 구매하면 오래 사용하게 될 품목이니 트렌드에 크게 영향을 받지 않는 디자인의 제품을 구매하라고 한다.

목표

드레스 보관할 고급스럽고 합리적인 가격대의 장롱 교체

동기부여

신뢰 ■■■■■   품질 ■■■■■

디자인 ■■■■■

불만사항

디자인을 따지면 지나치게 유행을 따르는 느낌이 들고, 고급스러운 느낌을 위주로 찾으면 가격이 너무 비쌈.

23

고급 가구 구매 페르소나 3

한민트

Age : 30
Job : 주부
#발랄함 #걱정이 많은

 ## 라이프 스타일

유진씨는 결혼을 하고 아이를 가지면서 자신이 살 집이 밝으면서도 지루하지 않은 집이길 바랐다. 그래서 서랍장처럼 쓰러질 위험이 있는 가구를 제외하고는 가성비가 좋은 가구를 구매했다. 상대적으로 저렴한 가구를 유행에 맞춰 바꾸면서 새로운 느낌을 주고자 했던 것이다. 하지만 어린 딸의 피부가 저렴한 소재의 소파에 쓸려 붉어지는 것을 보고 큰 지출을 결심했다. 연약한 아이의 피부에 좋은 소재를 사용하면서도 질리지 않고 쓸 수 있는 가구를 찾고 있다.

 ## 목표   ## 동기부여

피부에 자극이 적으면서 `고급스러운,`   신뢰 ■■■■□   품질 ■■■■■
`합리적인` 가격대의 소파 구매   디자인 ■■■■□

 ## 불만사항

다양한 디자인에 피부에도 자극이 적은 제품을 찾으려면 동물가죽소파가 좋다는 건 알지만 동물을 좋아하는 입장에선 꺼려짐.

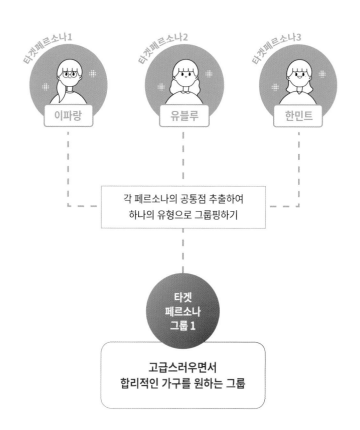

타겟페르소나1
이파랑

타겟페르소나2
유블루

타겟페르소나3
한민트

각 페르소나의 공통점 추출하여
하나의 유형으로 그룹핑하기

타겟
페르소나
그룹 1

고급스러우면서
합리적인 가구를 원하는 그룹

인사이트 카피

2 카피를 쓰고 싶은 브랜드의 페르소나를 만들어보자.
타겟 페르소나를 만들고 여러 유형으로 그룹핑하여 유형화해보자.

03

니치마켓 추출하기

니치마켓 공략하기

인사이트 카피 3

니치마켓 추출하기

니치마켓 공략하기

    브랜드만이 가지고 있는 효과적인 틈새시장, 즉 니치마켓을 찾아내는 것은 브랜드의 성공을 가져올 수 있는 확실한 방법이다. 니치마켓을 찾아내기 위해서는 니치타겟을 찾아내는 것이 필요하다. 시장을 확대하기 위해 무조건 넓은 타겟에 넓은 시장을 목표로 뛰어드는 것은 공허할 수 있기 때문이다. 오히려 타겟 페르소나를 좁힐수록 시장은 커진다.

앞서 알아봤던 타겟 페르소나 그룹에서 가장 핵심적인 타겟 페르소나이면서 아직 같은 범주의 브랜드들이 공략하고 있지 않는 핵심 타겟 페르소나 그룹이 있다면 그 그룹이 니치 페르소나 그룹이다.

니치 페르소나 그룹을 중심으로 니치마켓을 공략한다면 브랜드는 고유의 영역을 점하면서 안정적으로 니치 페르소나 그룹을 형성하면서 성공적으로 브랜드화하는데 성공할 수 있을 것이다.

또한 니치 페르소나 그룹으로부터 질적으로 높은 피드백을 지속적으로 받아 니치마켓에 적용한다면 시장의 반응은 더 긍정적이고 브랜드만의 고유한 입지가 더 강화될 것이다. 이는 니치 페르소나 그룹의 니치 브랜드에 대한 열렬한 팬덤으로 돌아올 것이다.

인사이트 카피

3 브랜드만의 니치 페르소나그룹을 선정해보자.

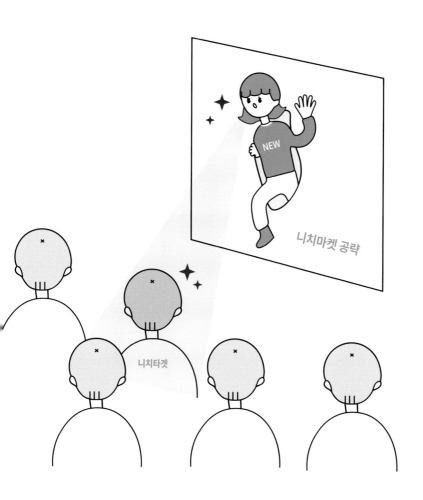

04

타겟 페르소나 세분화하기

구매 당사자와 주변 인플루언서

인사이트 카피 4

타겟 페르소나 세분화하기

구매 당사자와 주변 인플루언서

 타겟 페르소나를 비슷한 공통점이 있는 여러 가지 유형의 그룹으로 나누어 보았다. 이제 타겟 페르소나를 구매 측면에서 좀 더 세분화해보자. 직접 돈을 지불하는 구매 당사자를 중심으로 구매 당사자의 결정에 영향을 미치는 주변 인플루언서들, 즉 가족, 친구, 동료, 인플루언서 등이 있을 것이다. 구매 당사자는 구매 전에 검색을 통해 직접 정보를 알아보거나 주변 인플루언서들을 통해 구매 경험이나 정보를 구하는데 이때 주변의 가까운 인플루언서들은 직접 구매 하지 않지도 구매 당사자의 정보획득과 의사결정에 영향을 미칠 수 있다.

따라서 브랜딩을 진행할 때 구매 당사자에게 영향을 끼치는 주변 인플루언서를 커뮤니케이션 타겟으로 하고 구매 당사자를 의사결정 타겟으로 분류하여 타겟 별로 다르게 혹은 단계적으로 브랜딩을 기획하는 것이 필요하다. 시장에 민감하고 정보를 빠르게 받아들이는 인플루언서에게 브랜드의 강점을 먼저 어필하고 경험할 수 있게 하고 인플루언서가 좋은 경험을 주변 구매 당사자들에게 긍정적으로 확산시킨다면 구매 타겟에게 먼저 직접적으로 커뮤니케이션하는 것보다 더 효율적인 커뮤니케이션이 진행될 수 있기 때문이다.

인사이트 카피

4 브랜드의 구매 당사자를 중심으로 의사결정에 영향을 미치는 주변 인플루언서의 그룹을 찾아보자. 핵심 인플루언서는 누구인지도 알아보자.

05

이 브랜드의 가치는 무엇인가?

비전
미션
가치

인사이트 카피 5

이 브랜드의 가치는 무엇인가?

왜 이 브랜드는 만들어 졌을까? 이를 위해 이 브랜드는 무엇을 미션으로 하고 있을까? 또한 이 브랜드만이 타겟에게 줄 수 있는 가치는 무엇인지에 주목해야 한다. 이를 도출하기 위해 다음의 3가지를 알아보려고 한다.

비전
Why? 이 브랜드를 만들었나?

브랜드의 창업자라면 브랜드를 만든 이유가 있어야 한다. 이를

브랜드의 Why라고 하며 이를 정리한 것을 브랜드의 비전이라고
한다.

미션
이 브랜드의 미션은 무엇인가?

브랜드의 미션은 브랜드의 비전을 이루기 위해 꼭 이루어야
할 브랜드의 임무, 특명을 말한다. 이를 정리한 것을 브랜드의
미션이라고 한다. 브랜드의 미션은 장기적인 미션과 이를 이루기
위한 단기적인 세부 미션을 포함한다.

가치
이 브랜드가 타겟 페르소나에게 줄 수 있는 가치는 무엇인가?

다른 브랜드가 아닌 이 브랜드만이 타겟에게 줄 수 있는 가치가
있다면 무엇인가? 이를 정리한 것을 브랜드의 가치라고 한다.
브랜드의 가치는 앞의 비전과 미션과 겹칠 수도 있고 다를 수도
있는데 3가지 가치 중에서 가장 중요하게 주목해야 하는 가치이다.

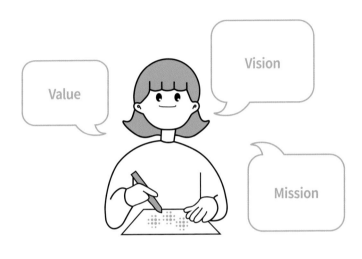

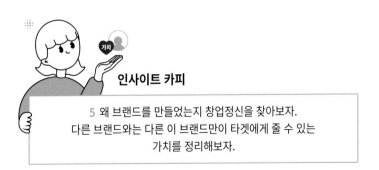

인사이트 카피

5 왜 브랜드를 만들었는지 창업정신을 찾아보자.
다른 브랜드와는 다른 이 브랜드만이 타겟에게 줄 수 있는
가치를 정리해보자.

06

타겟 페르소나는
무엇을 가치있게 생각하는가?

인사이트 카피 6

타겟 페르소나는
무엇을 가치있게 생각하는가?

브랜드의 가치 중에서 타겟 페르소나에게 이익을 줄 수 있는 속성을 찾아낸다. 그리고 이 가치 중에서 타겟 페르소나가 가치 있게 생각하는 것과 매칭되는 속성을 극대화해서 카피라이팅한다. 또한 타겟 페르소나가 원하는 것, 요구하는 것, 성취하고자 하는 것 등 타겟 페르소나가 가치 있게 여기는 것에 귀를 기울이고 이를 브랜드의 가치에서 찾아 내어 표현해낸다.

브랜드가 태어날 때 명확한 타겟 페르소나의 목소리에 귀 기울였다면 브랜드의 가치와 타겟 페르소나의 가치는 일치할 것이다. 하지만 대부분의 경우는 그렇게 뾰족하게 브랜드의 가치가 정립되는 경우가 드물다. 이때 시장에서 브랜드의 가치가 타겟 페르소나에게 어떤 반응을 가져오는지에 귀 기울여 그 속성을 타겟 페르소나의 언어로 해석해내고 표현함으로써 타겟 페르소나와 연결되고 그중에서도 가장 핵심적인 타겟 페르소나의 피드백에 귀 기울이면서 커뮤니케이션 할 브랜드의 가치를 선택하여 집중한다.

또한 타겟 페르소나가 직접 브랜드의 가치를 만드는 작업에 참여할 수 있다면 브랜드는 태어날 때부터 특정 타겟 페르소나에게 어필할 수 있는 가치를 갖게 되고 원초적인 경쟁력을 갖게 될 것이다.

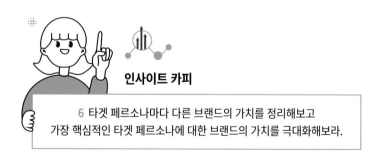

인사이트 카피

6 타겟 페르소나마다 다른 브랜드의 가치를 정리해보고
가장 핵심적인 타겟 페르소나에 대한 브랜드의 가치를 극대화해보라.

07

브랜드 가치와
타겟 페르소나의 가치 중
무엇이 더 중요한가?

인사이트 카피 7

브랜드 가치와
타겟 페르소나의 가치 중
무엇이 더 중요한가?

브랜드 가치와 타겟 페르소나의 가치, 모두 중요하다. 카피라이팅을 할 때 브랜드 가치를 먼저 설정할 것인가? 타겟 페르소나의 가치를 먼저 설정할 것인가의 선 후의 문제일 수 있다.

브랜드가 지키고자 하는 핵심적인 가치가 중요한 기업의 경우는 브랜드의 가치 측면에 부합하는 타겟 페르소나를 선택하고 그에 따른 가치를 표현할 것이다.

타겟 페르소나가 중요하다고 보는 브랜드는 먼저 타겟 페르소나의 가치를 분석하고 그 가치에 부합하는 브랜드의 가치를 중점적으로 표현할 것이다. 어떤 것이 옳다고 하기 보다는 브랜드에 따라 결과가 달라 진다고 봐야 할 것이다.

브랜드의 가치가 아무리 크다하더라도 타겟 페르소나가 관심을 갖지 못한다면 소용 없기 때문에 타겟 페르소나를 설정해서 그에 맞는 브랜드의 가치를 매칭시키면 효과적으로 메시지를 전달할 수 있다. 너무 많은 브랜드들이 존재하므로 브랜드에 맞는 타겟을 확정하여 정확하게 타겟에게 도달하는 차별화된 메시지를 전달하는 것이 효과적일 수 있다.

반면 브랜드 가치를 확고히 하고 이를 핵심 메시지를 통해 표현하는 것은 다른 브랜드와 다른 개성을 매력있게 전달할 수 있고 이는 타겟에게 호감도를 높여 단기적인 제품 판매보다 장기적인 브랜드의 가치와 판매에 긍정적인 영향을 줄 수 있다. 타겟이 브랜드의 가치에 공감한다면 충성도가 높아지므로 장기적으로 유익할 수 있다.

따라서 브랜드에 따라 또한 제품의 경쟁도에 따라 브랜드 가치와 타겟 페르소나의 가치의 선 후를 결정하는 것이 필요하다.

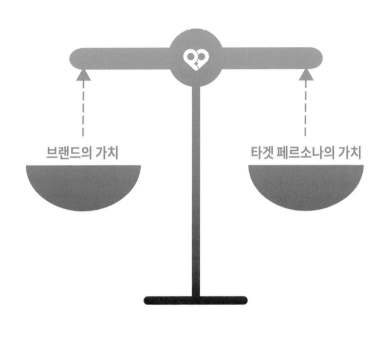

브랜드의 가치   타겟 페르소나의 가치

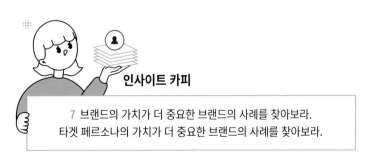

인사이트 카피

7 브랜드의 가치가 더 중요한 브랜드의 사례를 찾아보라.
타겟 페르소나의 가치가 더 중요한 브랜드의 사례를 찾아보라.

어떻게 카피라이팅할 것인가?

가치 라이팅
선점자 비교 라이팅
타겟 리워드 라이팅
스토리텔링 라이팅
감정 라이팅
구체적 라이팅
의외적 라이팅
단순 라이팅
신뢰 라이팅

인사이트 카피 8

어떻게 카피라이팅할 것인가?

어떻게 인사이트있게 카피라이팅할 것인가?

이는 '어떻게'라는 How(방법)의 문제가 아니고 '무엇을'이라는 What(소재)의 문제가 아니라 '왜'라는 Why(가치)의 문제이다. 이를 위해 앞에서 타겟 페르소나와 브랜드의 가치, 타겟 페르소나의 가치를 알아보았다. 그리고 브랜드의 가치와 타겟 페르소나의 가치도 견주어 보았다. 카피라이팅 전에 이런 과정을 생각해본 것은 무엇보다 중요한 타겟 페르소나의 마음을 움직이는 인사이트를 찾아내기 위함이다. 지금까지의 과정을 통해 찾아낸 인사이트를 카피라이팅의 초점에 따라 효과적으로 표현해낼 수 있는 9가지 기술적인 라이팅으로 나누어 보았다. 가치, 선점자 비교, 타겟 리워드, 스토리텔링, 감정, 구체적, 의외적, 단순, 신뢰 라이팅이다. 이중에 카피라이팅의 소재, 타겟 페르소나, 브랜드의 가치에 따라 선택하여 효과적인 것으로 표현하면 된다. 인사이트 카피라이팅의 9가지 기술적인 라이팅 방법은 세부적인 기술이며 타겟에게 도달하는 결과물로서 중요한 기술이지만 중요한 것은 가치를 전달하는 핵심 메시지임을 잊지 말자.

가치 라이팅

브랜드가 줄 수 있는 가치를 컨셉화하여 경쟁하는 다른 브랜드의 가치보다 우월하고 유일한 가치를 카피라이팅으로 표현한다.

Example

나는 내가 디자인한 자전거를 탄다 – 브롬튼

책 한권 값으로 2만권을 자유롭게 – 밀리의 서재

선점자 비교 라이팅

동일카테고리에서 먼저 브랜드의 가치를 선점한 경쟁 우위자의 가치와 비교하여 우위를 점하는 내용을 중심으로 카피라이팅을 한다.

Example

당신의 침대는 업데이트 되나요? - 코웨이 슬립케어 매트리스

1억 8백만 화소의 초고화질 사진으로 확대해도 디테일까지 선명하게
- 삼성갤럭시 S20

타겟 리워드 라이팅

브랜드를 구매했을 때 타겟이 받을 수 있는 리워드 중심으로 라이팅한다. 타겟이 구매를 결정한 분명한 이유, 그리고 구매 후 다시 구매하고 싶은 이유를 중심으로 라이팅한다.

Example

자체 국내 로스팅플랜트에서 로스팅후 2일 내 전국 매장으로,
커피는 신선식품이다 - 커피베이

단 한명을 위한 세상의 모든 신발 - ABC마트

스토리텔링 라이팅

타겟이 공감할 수 있는 브랜드의 에피소드를 중심으로 타겟이 자신의 아이덴티티와 동일시할 수 있는 브랜드의 아이덴티티를 공감할 수 있도록 스토리를 라이팅한다.

Example

Ingle ells, ingle ells.
The Holidays aren't the same without J&B. - J&B

열대우림이 타버리는 것은 한 번도 읽지 않은 많은 책들이 가득찬 도서관에 불을 놓는 것과 같다 - 자연보호 세계기금

감정 라이팅

감정을 이입해서 느낄 수 있도록 마음을 터치하는 라이팅. 타겟의 마음을 움직이고 공감할 수 있고 감정을 느낄 수 있게 한다.

Example

이 세상 가장 향기로운 커피는 당신과 마시는 커피입니다 - 맥심

너를 좋아해 라고 말하는 대신 나는 셔터를 눌렀다 - 올림푸스

아이를 위한 모든 순간에 후,
상처 없이 키우고 싶은 엄마의 마음으로 - 후시딘

구체적 라이팅

　추상적으로 말하기보다 구체적인 정보를 주면서 감각적인 언어로 실질적인 행동을 일으키는 언어로 설명한다.

Example

시속 60마일로 달리는 신형 롤스로이스 안에서 가장 큰 소음은 시계 소리입니다 - 롤스로이스

와사삭! 이보다 더 싱싱할 수 있을까? 딤채에서 꺼낸 수박 - 딤채

파닥파닥! 젓가락에서 뛰고 있어요. 딤채에서 꺼낸 생선회 - 딤채

의외적 라이팅

　생각지 못한 것을 제시함으로서 주목하게 하고 관심을 갖게 한다. 상식에 반하는 결론이나 정의를 내림으로써 긴장감을 높여 주의를 집중하게 한다.

Example

인간은 뇌의 10퍼센트 밖에 사용할 수 없다

마스크가 최고의 백신입니다

단순 라이팅

사람들은 한 번에 여러 가지를 기억하지 못한다. 여러 가지를 한꺼번에 애기하는 것보다 기억에 오래 남을 수 있도록 브랜드의 핵심적인 내용만 추출하여 단순하고 의미있게 라이팅한다.

Example
독자는 동아를 읽고 동아는 독자를 읽고 - 동아일보
10대의 몸에 가장 오래 닿아있는 가구 - 시디즈

신뢰 라이팅

구매 전에 타겟이 직접 참여할 수 있는 질문을 던지면 타겟들이 함께 체험해나감으로써 라이팅에 신뢰를 갖을 수 있다.

Example
봄을 타십니까? 피로를 타십니까? - 일동제약 아로나민골드
좋은 창호는 어떻게 고르지? 지인은 모른다 - KCC 창호
손 씻기만 중요해? 불어나는 입속 세균은? - 리스테린

가치
라이팅

선점자
비교
라이팅

타겟
리워드
라이팅

스토리
텔링
라이팅

구체적
라이팅

의외적
라이팅

단순
라이팅

신뢰
라이팅

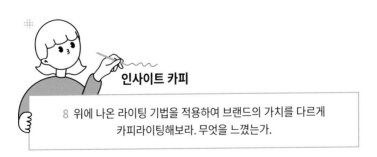

인사이트 카피

8 위에 나온 라이팅 기법을 적용하여 브랜드의 가치를 다르게
카피라이팅해보라. 무엇을 느꼈는가.

09

어떤 카피라이터가
되어야 하는가?

굿라이터
셀링라이터
메모리라이터
인터라이터
인프라이터
카피테이너
아이디어라이터
컨셉라이터
가치라이터
공감라이터
이미지라이터

인사이트 카피 9

어떤 카피라이터가
되어야 하는가?

그렇다면 어떤 카피라이터가 될 것인가? 카피라이터는 다재다능하고 여러 가지 배역을 잘 소화해내는 배우처럼 또한 카멜레온처럼 변신할 수 있어야 하고 또한 본질적인 것은 잘 지켜내야 한다.

좋은 굿라이터

굿라이터란 좋은 라이터이다. 좋은 라이터란 어떤 라이터일까?

소비자에게 브랜드의 가치 뿐아니라 브랜드의 진실을 잘 살펴보고 좋은 것을 커뮤니케이션하는 것이다. 만일 브랜드가 소비자에게 좋지 않은 것을 전달하려고 한다면 카피라이터는 그 부분을 가장 먼저 알아채고 개선할 수 있어야 한다는 점에서 굿라이터가 되어야 한다고 생각한다.

잘 파는 **셀링라이터**

셀링라이터가 되야한다. 물건을 잘 파는 카피라이터 말이다. 카피를 통해 매출을 높일 수 있는 카피를 써야한다. 카피의 효과는 물건을 파는 것으로 나타난다.

잘 기억시키는 **메모리라이터**

카피는 단순하지만 힘이 쎄 영향력을 가지고 있어야 한다. 소비자가 잘 기억할 수 있고 인상적으로 기억에 남을 수 있는 잘 기억시키는 카피를 써야 한다. 바로 메모리라이터가 되야 한다.

잘 해석하는 **인터라이터**

카피라이터는 소비자의 니즈와 원츠를 잘 해석하여 브랜드의 가치와 매치하여 클라이언트를 설득하고 소비자에게 맞춤으로 전달하는 잘 해석하는 인터라이터이다. 이 부분을 잘해야 클라이언트와 소비자를 잘 연결하는 굿 매치메이커이다.

영향력있는 **인프라이터**

카피라이터는 짧은 글로 사람들의 인식과 라이프스타일과 문화를 바꿀 수 있는 영향력있는 존재다. 대중문화와 퍼스널 커뮤니케이션에 모두 영향을 미치는 대단한 인플루언서이다.

재미있는 **카피테이너**

카피는 브랜드와 라이프스타일을 연결하여 재미와 위트를 만들어낼 수 있는 엔터테이너와 같다. 이렇게 재미있는 카피를 쓸 수 있는 카피라이터라면 카피테이너라고 불러도 좋다.

아이디어가 많은 **아이디어라이터**

아이디어가 많아서 주체할 수 없는 카피라이터라면 아이디어라이터가 될수 있다.
단순히 카피를 라이팅하는 것이 아니라 아이디어를 라이팅하라.

컨셉을 잘 잡는 **컨셉라이터**

라이팅 속에 컨셉이 잘 녹아있다면, 제품과 브랜드를 단숨에 인식시킬수 있는 컨셉을 녹일 수 있다면 이미 컨셉라이터다. 컨셉을 라이팅하라.

가치를 잘 찾아내는 **가치라이터**

가치를 찾아내고 문화와 연결된 숨은 가치까지 찾아내는 가치라이터가 되라! 가치를 만들어내고 가치를 업시켜라!

공감을 잘 이끌어내는 **공감라이터**

공감할 수 있다면 브랜드의 팬이 될 것이다. 공감을 이끌어내고 타겟이 팬이 되게 하라 공감을 부르는 라이터가 되라!

이미지를 좋게 하는 **이미지라이터**

카피라이터라면 이미지까지도 바꿀 수 있고 업시킬 수 있다. 이미지를 스케일업할 수 있는 이미지라이터가 되라!

인사이트 카피

9 어떤 카피라이터가 되고 싶은가? 이야기해보라.

10

카피라이팅 디자인하기

카피 레이아웃, 아이디어 디자인

인사이트 카피 10

카피라이팅 디자인하기

카피라이팅만으로는 충분치 않다. 카피에 컬러를 입히고 레이아웃하고 디자인하라. 카피에 맞는 아이디어를 내고 이미지를 찾아 표현하라. 카피라이터만이 아니라 크리에이티브 디렉터로 컨셉과 아이디어와 크리에이티브를 디자인하고 표현하라. 잘하는 카피라이터일수록 자신의 아이디어를 카피라이팅할 뿐 아니라 생각하는 것을 디자인으로 영상으로 표현할 때 어떻게 표현되는지에 대해 표현의 가이드라인을 만들어 파트너에게 전달한다. 또한 포토샵이나 일러스트 같은 디자인 툴이나 영상 툴을 통해 자신이 표현한 카피를 최종 표현매체에 맞추어 전달하고 표현할 수 있는 슈퍼 크리에이터가 된다면 어디서든 환영받을 수 있을 뿐 아니라 1인 크리에이터로서도 무엇이든 표현할 수 있게 될 것이다.

텍스트로 된 카피를 실제 디자인되는 것에 맞춰 표현해서 레이아웃 한다면 텍스트가 할 수 없는 많은 것을 전달할 수 있게 된다. 그리고 그 느낌을 공유하는 과정에서 함께 작업하는 크리에이터들과 더 많은 교류와 아이디어를 주고받음으로써 카피는 단순한 카피가 아니라 탁월한 크리에이티브로 표현될 수 있다.

카피라이터로서 브랜딩팀을 이끌되 카피라이터에 머물지 말고 카피 디렉터가 되어라. 그리고 최종 크리에이티브를 이끌어 내는 크리에이티브 디렉터가 되어라. 그리고 동시에 타겟 페르소나의 가치를 끝까지 지켜내고 귀 기울이고 표현하기 위해 영향력을 행사할 수 있는 캠페인을 이끄는 브랜드 인사이터가 되어라.

인사이트 카피

10 카피를 디자인해보라! 디자인라이터가 되보라.

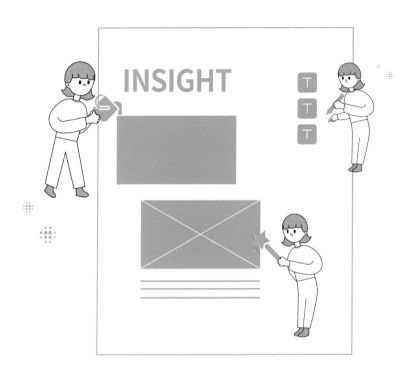

미래의 카피라이팅은?

무엇이 변하고 무엇이 변하지 않을 것인가

인사이트 카피 11

미래의 카피라이팅은?

무엇이 변하고 무엇이 변하지 않을 것인가?

변화하는 시장에서 카피라이팅은 가장 앞서 트렌드를 반영하고 타겟의 변화를 눈치채고 표현하며 누구보다 앞서 미래를 보고 표현해낼 것이다. 그렇다면 카피라이팅에서 무엇이 변하고 무엇이 변하지 않을 것인가?

카피라이팅의 본질이자 목적, 말하고자 하는 바를 효과적으로 전달하는 것은 변하지 않는다.

하지만 카피라이팅의 방식은 계속 변해왔고 앞으로도 변화할 것이다.

IT 기술의 발전에 따라 미래의 카피라이팅 방식은 눈부시게 발전할 전망이다.

이 때문에 카피라이터는 본질적인 전달하고자 하는 목적을 발견하고 표현하기 위해 깊이 있게 탐구하고 이를 시대정신과 기술과 타겟의 라이프스타일에 맞는 방식으로 표현하기 위한 기민함을 동시에 갖추어야 할 것이다.

AI기술의 약진으로 카피라이팅이 대체가 될까? 카피라이팅의 데이터들을 활용하여 재조합하고 재생산할 수 있지만 마음을 읽어내고 끄집어내고 파고드는 인사이트 있는 카피라이팅은 대체하기 어려울 것이다. 그것이 인사이트 카피라이팅을 해야 할 이유이다.

변화하는 세상 속에서 변함없이 마음을 움직일 인사이트를 찾아내어라! 인사이트로 카피라이팅하라!

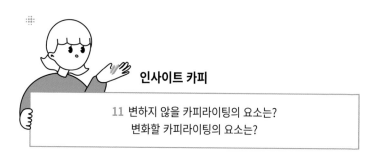

인사이트 카피

11 변하지 않을 카피라이팅의 요소는?
변화할 카피라이팅의 요소는?

누구나 될 수 있지만
아무나 될 수는 없다

누구나 카피라이터가 될 수 있지만 아무나 될 수는 없다고 생각합니다. 브랜드에 대한 열정, 타겟의 마음과 공감하려는 마음과 세상에 이로운 것을 커뮤니케이션하고자 하는 의지가 있어야 합니다.

이 세 가지의 것과 함께 이 책에서 얘기하는 카피라이팅의 개념, 과정과 기술을 익힌다면 천하무적의 감성적이고 전략적인 카피라이터로서 세상과 브랜드를 이어주는 카피라이팅을 할 수 있을 것입니다.

처음부터 차분히 읽어도 좋고, 필요한 부분만 찾아 읽어도 좋습니다. 이해가 안되는 부분은 다시 읽어보고 인사이트 카피도 적용해보세요. 카피라이팅은 누가 가르쳐주어서 알

수 있는 것이 아니라 안내에 따라 적용해보고 경험해보고 일상에서 새로움과 본질적인 것을 찾으려는 시도를 자꾸 하면서 늘게 됩니다.

자꾸 해보면 어느새 전문 카피라이터처럼 능숙하게 카피라이팅하면서 원하는 글들을 써내고 만족할 만한 성과를 얻게 될것이고 그러는 사이 세상을 보는 눈도 깊어지고 나날이 새로워질 것입니다. 이 책을 읽으면서 또한 읽은 후에 성장하고 발전한 모습을 확인하시길 바랍니다.

제일기획 출신 카피라이터가
알려주는 실전 카피라이팅

인사이트 카피라이팅

초판 1쇄발행 2022년 4월 14일

2쇄발행 2023년 10월 14일

지은이 박현정
펴낸이 박현정
디자인 김휘주, 권예진
미디어 콘텐츠 박성배, 양창혁, 이승주

펴낸곳 핑크플래닛
출판등록 2022년 3월 2일 제2022-000087호
주소 서울 강남구 압구정로 30길 17, 309
전화 02-545-6304
이메일 insight@pinkplanet.co.kr
홈페이지 www.pinkplanet.kr

ISBN 979-11-978195-1-3 [13320]

핑크플래닛은 이해하기 쉽고 더 좋은 세상을 만들 책을 만들고자 합니다.
이에 함께하고자 하는 독자 여러분의 아이디어와 원고를 insight@pinkplanet.co.kr로 보내주세요.